5.-7. Schuljahr

Waldemar Mandzel

Redewendungen als Schreibanlass

... nur nicht den Kopf in den Sand stecken!

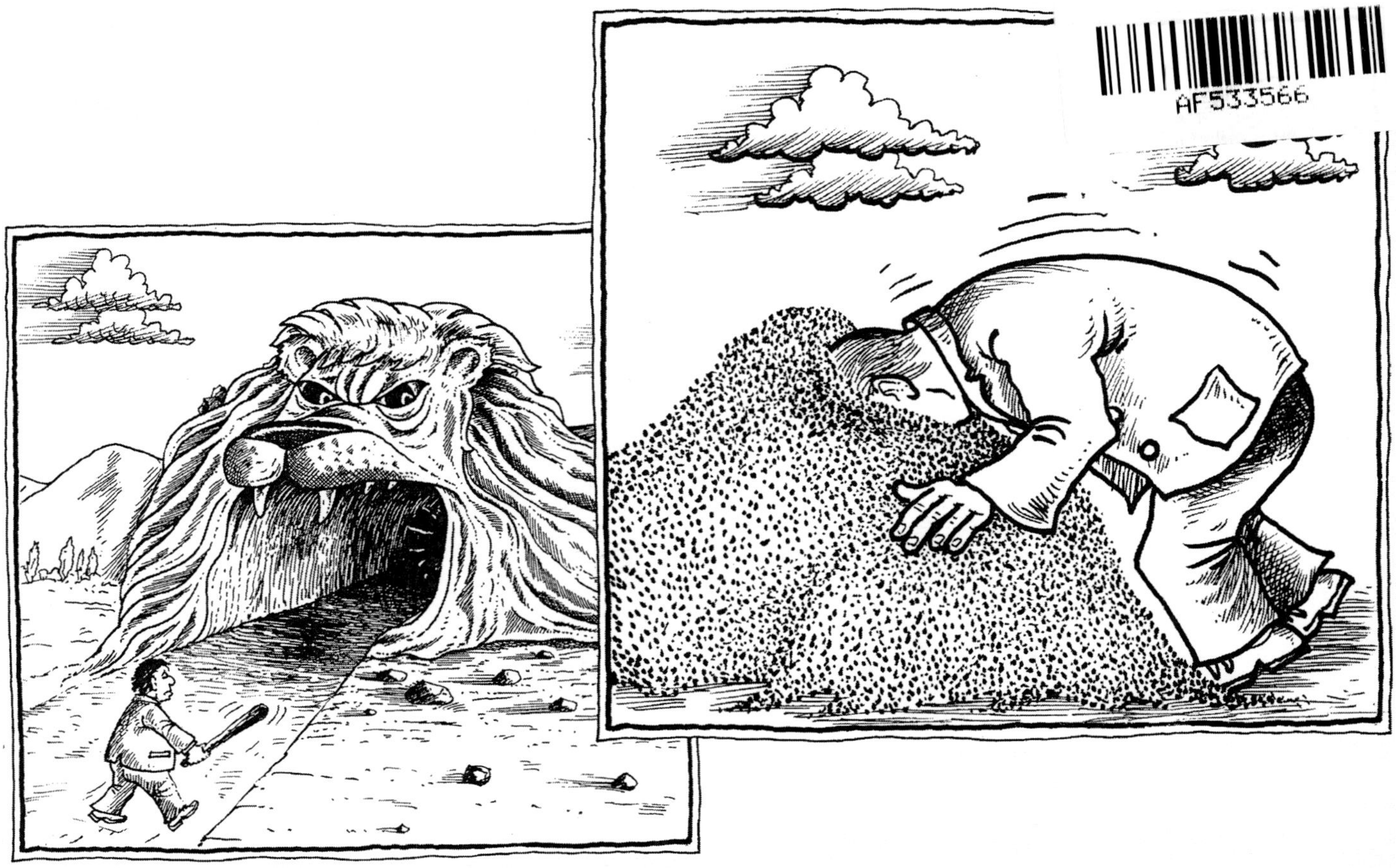

Bildhaft dargestellte Redewendungen bieten Schreibimpulse

www.kohlverlag.de

Redewendungen als Schreibanlass
Bildhaft dargestellte Redewendungen bieten Schreibimpulse

1. Auflage 2023

Inhalt: Waldemar Mandzel
Coverbild: © Waldemar Mandzel
Redaktion: Kohl-Verlag
Grafik & Satz: Kohl-Verlag
Druck: farbo prepress GmbH, Köln

Bestell-Nr. 12 915

ISBN: 978-3-98558-262-4

Bildquelle © Adobe.Stock.com: S.2: Africa Studio; **Alle anderen Bilder:** Waldemar Madzel

Inhalt

REDEWENDUNGEN ALS SCHREIBANLASS
Bildhaft dargestellte Redewendungen bieten Schreibimpulse – Bestell-Nr. 12 915
KOHL VERLAG

Vorwort

Wie kamen Redewendungen überhaupt zustande? Was versteht man unter einer Redewendung?

Was ist eine Redewendung?

Dies ist ein Spruch, den man immer wieder hört. Er ist im täglichen Sprachgebrauch fest verankert. Man bezeichnet sie auch als **idiomatische Ausdrücke** oder **Phraseologismen**. Die Redensart, fester Ausdruck, Phrase oder Floskel sind Synonyme für die Redewendung. Sie hat meistens zwei Bedeutungen. Die wörtliche und übertragene Bedeutung stehen oft nebeneinander.

Wie unterscheiden sich Sprichwörter von Redewendungen? Sprichwörter verpacken eine Weisheit in einem Satz. Redewendungen wollen eher einen Zustand betonen und veranschaulichen.

In Johannes Agricolas Sprichwörtersammlung von 1529 ist die Redewendung das erste Mal belegt. Laut Duden ist eine Redewendung definiert als eine „feste Verbindung von Wörtern, die zusammen eine bestimmte, meist bildliche Bedeutung haben".

Viel Erfolg mit diesem Material wünschen Ihnen der Kohl-Verlag und

Waldemar Mandzel

Symbole:

EA
Einzelarbeit

PA
Partnerarbeit

GA
Gruppenarbeit

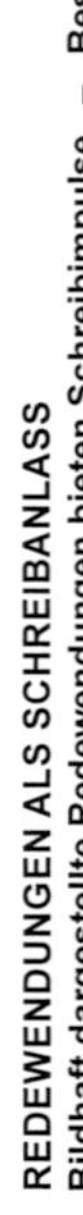

1. Tomaten auf den Augen

Aufgabe 1: *Schreibe die Redewendung ab und erkläre, wie du sie verstehst.*

EA

Aufgabe 2: *Warum heißt es „Tomaten auf den Augen“ und nicht z. B. Zitronen?*

EA

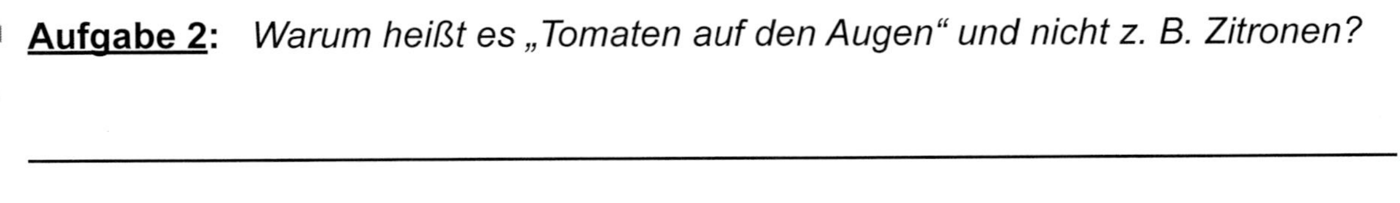

Aufgabe 3: *Du kennst bestimmt auch Situationen, zu denen diese Redewendung passt. Schreibe mindestens eine von diesen Situationen auf.*

EA

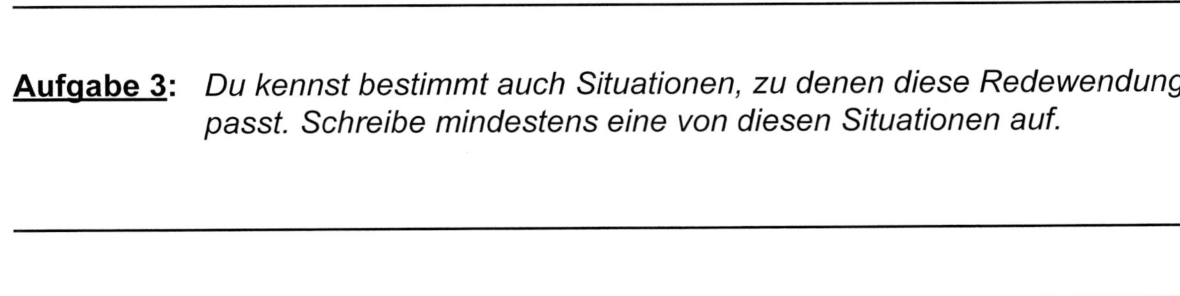

REDEWENDUNGEN ALS SCHREIBANLASS
Bildhaft dargestellte Redewendungen bieten Schreibimpulse – Bestell-Nr. 12 915

2. Ein X für ein U vormachen

EA **Aufgabe 1**: *Schau dir dieses Bild genau an. Beschreibe es mit deinen Worten. Was fällt dir auf?*

EA **Aufgabe 2**: *Schreibe diese Redewendung ab und beschreibe ihre mögliche Bedeutung mit deinen Worten.*

EA **Aufgabe 3**: *Recherchiere in Büchern oder im Internet, aus welcher Zeit diese Redewendung stammt und wie sie entstanden ist.*

EA **Aufgabe 4**: *Finde mit Hilfe von Büchern oder dem Internet heraus, wer diesen Trick anwendete.*

EA **Aufgabe 5**: *Ein Gast, der zur damaligen Zeit in einem Wirtshaus übernachten musste, schrieb folgende Geschichte, passend zu dieser Redewendung, in sein Reisetagebuch:*

Abends, es wurde schon dunkel, kam ich an einem etwas heruntergekommenen Wirtshaus an. Ich war zu müde, um weiter zu reiten. Also ...

Schreibe den ersten Satz ab und die Geschichte zu Ende. Baue die Redewendung in deine Handlung ein.

REDEWENDUNGEN ALS SCHREIBANLASS
Bildhaft dargestellte Redewendungen bieten Schreibimpulse – Bestell-Nr. 12 915

3. Lunte riechen

EA **Aufgabe 1**: *Beschreibe in deinen Worten, was mit dieser Aussage gemeint sein könnte.*

EA **Aufgabe 2**: *Nun finde mit Hilfe des Internets oder Büchern heraus, wo der Ursprung dieser Redewendung liegt. Schreibe diese Informationen in deinen Worten nieder.*

EA **Aufgabe 3**: *Bestimmt kannst du dich an eine Situation erinnern, in der du „Etwas Übles befürchtet hast“ bzw. „misstrauisch warst“. Schreibe die Begebenheit ausführlich auf. Benutze geeignete Verben (Tunwörter) und Adjektive (Wiewörter).*

PA **Aufgabe 4**: *Erfindet eine Geschichte, die zu diesem Spruch passt und schreibt sie auf. Vielleicht habt ihr auch Lust, daraus einen Comic zu gestalten.*

REDEWENDUNGEN ALS SCHREIBANLASS
Bildhaft dargestellte Redewendungen bieten Schreibimpulse – Bestell-Nr. 12 915

4. Nur Bahnhof verstehen

EA **Aufgabe 1**: *Schreibe die Bedeutung zu dieser Redewendung „Nur Bahnhof verstehen“ auf, die nach deinem Verständnis passend ist.*

EA **Aufgabe 2**: *Finde heraus, wo der Ursprung dieses Spruches liegt. Bücher und das Internet helfen dir dabei.*

PA **Aufgabe 3**: *Tauscht euch darüber aus, in welchen Situationen ihr auch das Gefühl hattet, nicht mehr mitzukommen bzw. nichts zu verstehen. Schreibt die zwei besten Beispiele auf.*

PA **Aufgabe 4**: *Findet zusammen einige passende Beispiel-Sätze zu dieser Redewendung.*

KOHL VERLAG
REDEWENDUNGEN ALS SCHREIBANLASS
Bildhaft dargestellte Redewendungen bieten Schreibimpulse – Bestell-Nr. 12 915

5. Jemandem auf den Leim gehen

EA **Aufgabe 1**: *Welche Ideen fallen dir zu der Redewendung „Jemandem auf den Leim gehen“ ein? Schreibe sie auf.*

EA **Aufgabe 2**: *Wie ist dieser Spruch entstanden? Aus welcher Zeit stammt er? Wie ist die wörtliche Bedeutung und die im übertragenen Sinne? Notiere deine Ergebnisse.*

GA **Aufgabe 3**: *Überlegt in einer kleinen Gruppe, in welchen Bereichen des heutigen öffentlichen Lebens diese Art von „Betrug“ zu finden ist. Schreibt mindestens ein Beispiel auf.*

EA **Aufgabe 4**: *Schreibe ein Beispiel auf, das beschreibt, wie du „Jemandem auf den Leim“ gegangen bist.*

REDEWENDUNGEN ALS SCHREIBANLASS
Bildhaft dargestellte Redewendungen bieten Schreibimpulse – Bestell-Nr. 12 915

6. Sein Gesicht verlieren

Aufgabe 1: *Beim Betrachten dieses Bildes bekommst du sicherlich einige Ideen, was diese Redewendung aussagen soll. Schreibe deine Gedanken auf.*

EA

Aufgabe 2: *Findet den Ursprung zu diesem Spruch. Das Internet und Bücher helfen euch dabei.*

PA

Aufgabe 3: *Wer kann wie und wo und warum „sein Gesicht verlieren"? Überlegt zusammen Beispiele, in denen es zu einem Gesichtsverlust kommen kann. Schreibt mindestens drei Beispiele auf.*

GA

Aufgabe 4: *Erinnere dich, in welchen Situationen du das Gefühl hattest, dein Gesicht zu verlieren. Beschreibe es genau und notiere.*

EA

Aufgabe 5: *Bildet eine Gruppe und schreibt ein Theaterstück mit einem Titel, der zu dieser Redensart passt. Möglich wäre z. B. „Fast sein Gesicht verloren". Gut ankommen würde auch, wenn ihr eigene Masken für die einzelnen Darsteller bastelt.*

GA

REDEWENDUNGEN ALS SCHREIBANLASS
Bildhaft dargestellte Redewendungen bieten Schreibimpulse – Bestell-Nr. 12 915

7. Krokodilstränen weinen

EA **Aufgabe 1**: *Welche Ideen kommen dir zu diesem Bild? Schreibe alle auf und unterstreiche diejenigen, die zu der Redewendung passen.*

EA **Aufgabe 2**: *Wie kam man auf die Idee, dass Krokodile weinen? Und wie entstand daraus dieser Ausspruch? Recherchiere in verschiedenen Medien.*

PA **Aufgabe 3**: *Kennt ihr andere Redewendungen, in denen Tiere eine Rolle spielen? Überlegt zusammen und schreibt eure Ergebnisse auf.*

EA **Aufgabe 4**: *Schreibe eine Situation auf, in der du dieses Phänomen selbst erlebt hast.*

REDEWENDUNGEN ALS SCHREIBANLASS
Bildhaft dargestellte Redewendungen bieten Schreibimpulse – Bestell-Nr. 12 915

8. Ein Haar in der Suppe finden

EA

Aufgabe 1: *Was ist mit diesem Ausspruch gemeint? Schreibe deine Meinung dazu auf.*

EA

Aufgabe 2: *Mit welchen wenigen, aber geeigneten Worten kannst du diese Redewendung auch noch beschreiben?*

EA

Aufgabe 3: *Schreibe eine Begebenheit auf, in der deiner Meinung nach eine andere Person „Ein Haar in der Suppe fand bzw. suchte".*

PA

Aufgabe 4: *Was wäre genau das Gegenteil von diesem Spruch? Schreibt eure Ideen dazu auf.*

REDEWENDUNGEN ALS SCHREIBANLASS
Bildhaft dargestellte Redewendungen bieten Schreibimpulse – Bestell-Nr. 12 915

KOHL VERLAG

9. Jemanden in die Zange nehmen

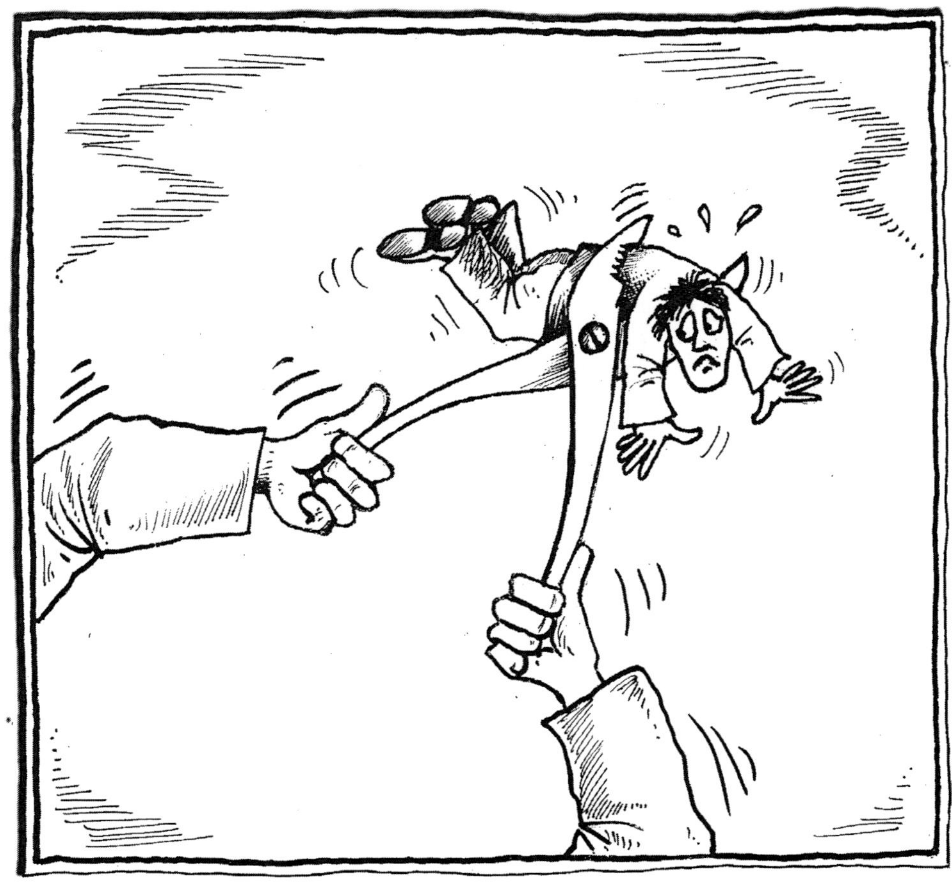

EA

Aufgabe 1: *Schreibe alle Gedanken auf, die dir zu diesem Bild einfallen. Beschreibe die Bedeutung dieser Redewendung mit deinen eigenen Worten.*

EA

Aufgabe 2: *Suche im Internet oder Büchern nach dem Ursprung dieses Ausspruches und schreibe ihn mit deinen Worten auf.*

PA

Aufgabe 3: *Überlegt zusammen, zu welchen Situationen aus eurem Alltag dieser Ausspruch passen würde. Schreibt mindestens ein gutes Beispiel auf.*

EA

Aufgabe 4: *Wie könnte man diese Redewendung noch im Bild festhalten? Zeichne deine eigene Idee.*

REDEWENDUNGEN ALS SCHREIBANLASS
Bildhaft dargestellte Redewendungen bieten Schreibimpulse – Bestell-Nr. 12 915

10. Einen Dachschaden haben

EA **Aufgabe 1**: *Was bedeutet diese Redewendung für dich? Schreibe deine Ideen dazu auf.*

PA **Aufgabe 2**: *Findet zusammen mindestens 2 Synonyme. Schreibt diese auf. Wie lautet die wörtliche und wie die Bedeutung im übertragenen Sinne? Notiert beide Bedeutungen.*

EA **Aufgabe 3**: *In welcher Situation hast du gedacht, dass der andere „einen Dachschaden hat“? Schreibe deine Überlegungen zu dieser Begebenheit auf.*

EA **Aufgabe 4**: *Forsche nach der Bedeutung des Wortes „Dach“. Schreibe deine Ergebnisse auf und erkläre den Zusammenhang zu diesem Ausspruch.*

REDEWENDUNGEN ALS SCHREIBANLASS
Bildhaft dargestellte Redewendungen bieten Schreibimpulse – Bestell-Nr. 12 915

11. Die Katze im Sack kaufen

PA **Aufgabe 1**: *Erklärt mit euren eigenen Worten, was mit dieser Redewendung gemeint sein könnte. Schreibt eure Überlegungen auf.*

PA **Aufgabe 2**: *Wo liegt der Ursprung für diesen Ausspruch? Haltet eure Ergebnisse schriftlich fest. Es gibt ein altes Buch, in dem dieser Ausspruch als Geschichte auftaucht. Findet zusammen heraus, von wem dieses Buch ist und schreibt die Geschichte in euren Worten auf.*

PA **Aufgabe 3**: *Vielleicht ist euch so etwas auch schon passiert. Wenn nicht, dann befragt die Menschen in eurer Umgebung. Ihr findet bestimmt jemanden, der euch dazu ein Beispiel erzählen kann. Schreibt es auf.*

PA **Aufgabe 4**: *Erfindet zusammen eine Geschichte, die sich auf einem Markt aus vergangener Zeit so hätte zutragen können. Bringt sie zu Papier. Zeichnet ein Bild dazu.*

REDEWENDUNGEN ALS SCHREIBANLASS
Bildhaft dargestellte Redewendungen bieten Schreibimpulse – Bestell-Nr. 12 915

12. Jemanden auf die Palme bringen

EA

Aufgabe 1: *Beschreibe dieses Bild genau. Schreibe deine Beobachtungen auf. Was ist mit diesem Ausspruch gemeint? Passt das Bild zu dem Spruch?*

EA

Aufgabe 2: *Woher stammt diese Redensart? Finde dies mit Hilfe des Internets oder anderer Medien heraus. Schreibe deine Erkenntnisse auf.*

GA

Aufgabe 3: *Jeder von euch kennt bestimmt Momente, in denen euch jemand oder etwas so geärgert hat, dass ihr „auf die Palme gegangen seid". Schreibt die eindrucksvollsten Erlebnisse auf.*

GA

Aufgabe 4: *Warum wird in diesem Ausspruch die „Palme" gewählt und nicht beispielsweise die „Tanne" ? Notiert eure Ideen und Erklärungen.*

GA

Aufgabe 5: *Sucht nach Synonymen und schreibt mindestens 3 auf. Ihr könnt eure Ergebnisse auch gerne als Bild darstellen. Notiert eure Ideen und Erklärungen.*

REDEWENDUNGEN ALS SCHREIBANLASS
Bildhaft dargestellte Redewendungen bieten Schreibimpulse – Bestell-Nr. 12 915

13. Buchwissen

EA

Aufgabe 1: *Was ist mit dieser Redewendung wohl gemeint? Bringe deine Gedanken dazu aufs Papier.*

EA

Aufgabe 2: *Beschreibe eine Situation, in der du den Eindruck hattest, dass dir jemand eine „Weisheit“ vermitteln möchte, die aber keinen Bezug zur Wirklichkeit hatte.*

EA

Aufgabe 3: *Das Wort „Buchwissen“ suggeriert*, dass ein Buch etwas weiß. Was natürlich nicht stimmt ... Finde weitere ähnliche Wörter wie z. B. „Kopfkino“ und schreibe sie auf.*

PA

Aufgabe 4: *Kennt ihr Bücher, die keinen Bezug zur Wirklichkeit haben? Schreibt deren Titel auf und von einem dieser Bücher eine kurze Zusammenfassung dazu. Wie passen diese Art Bücher zu der Redewendung?*

suggerieren = vortäuschen, vorgeben*

KOHL VERLAG
REDEWENDUNGEN ALS SCHREIBANLASS
Bildhaft dargestellte Redewendungen bieten Schreibimpulse – Bestell-Nr. 12 915

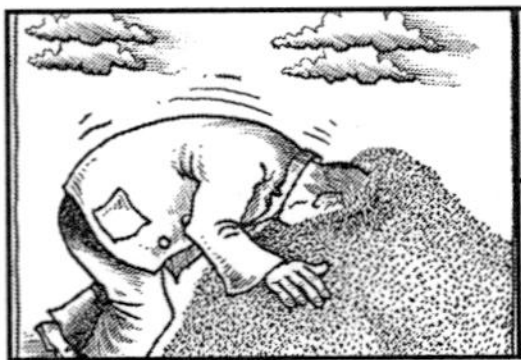

14. Mit Kanonen auf Spatzen schießen

PA **Aufgabe 1**: *Betrachte dieses Bild gemeinsam mit einem Klassenkameraden sehr genau. Was könnte mit diesem Spruch gemeint sein? Schreibt eure Gedanken dazu auf. Erklärt den Unterschied zwischen der wörtlichen und der übertragenen Bedeutung.*

EA **Aufgabe 2**: *Warum wurde gerade das Tier der Spatz für diesen Ausspruch ausgewählt?*

PA **Aufgabe 3**: *Befragt einige Personen in eurem Bekanntenkreis, ob sie zu diesem Spruch eine Begebenheit erzählen können. Schreibt diese Erzählungen auf.*

EA **Aufgabe 4**: *Male ein eigenes Bild zu dieser Redewendung.*

REDEWENDUNGEN ALS SCHREIBANLASS
Bildhaft dargestellte Redewendungen bieten Schreibimpulse – Bestell-Nr. 12 915

15. Einen Zacken aus der Krone verlieren

Aufgabe 1: *Schreibe die Bedeutung dieser Redewendung mit deinen Worten auf.*

EA

Aufgabe 2: *Es gibt einen anderen Ausspruch, der das Gleiche aussagt. Wie lautet er? Finde den Ursprung mit Hilfe des Internets oder anderen Medien.*

EA

Aufgabe 3: *Es gibt passende Synonyme zu diesem Ausspruch. Notiere einige, die aus deiner Sicht gut passen.*

EA

Aufgabe 4: *Schaut in unterschiedlichen Medien nach einem Wappen, das zu diesem Spruch passt, und zeichnet es ab oder lasst es euch ausdrucken. Zu zweit macht das Recherchieren mehr Freude. Welche Bedeutung hat das Wort „Wappen"? Schreibt eure Lösungen auf.*

PA

Aufgabe 5: *Erfindet zusammen ein eigenes Wappen z. B. für eure Klasse und zeichnet es.*

EA

REDEWENDUNGEN ALS SCHREIBANLASS
Bildhaft dargestellte Redewendungen bieten Schreibimpulse – Bestell-Nr. 12 915

16. Beleidigte Leberwurst

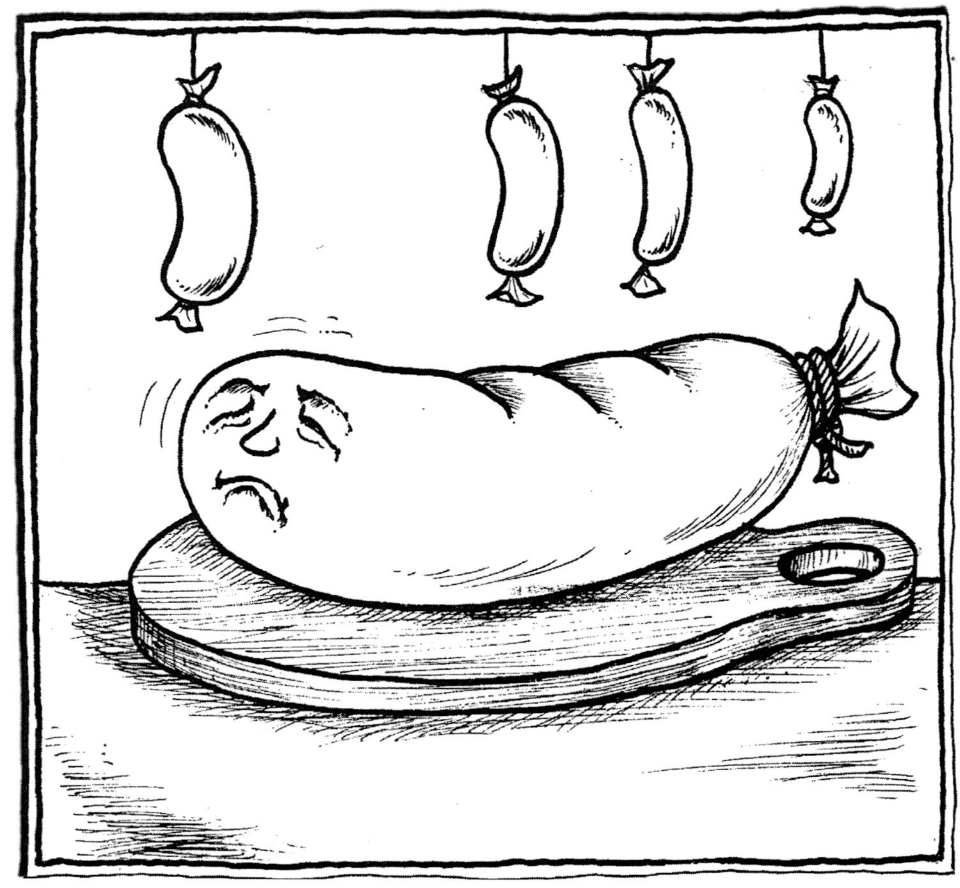

EA

Aufgabe 1: *Was ist mit diesem Ausspruch gemeint? Notiere deine Überlegungen mit geeigneten Worten.*

EA

Aufgabe 2: *Im Internet z. B. findest du Informationen zur Herkunft dieser Redensart. Schreibe sie auf.*

EA

Aufgabe 3: *Sicherlich warst du auch schon einmal beleidigt oder verärgert. Schildere dieses Erlebnis mit deinen eigenen Worten.*

EA

Aufgabe 4: *Warum heißt es nun „beleidigte Leberwurst“? Du findest die Lösung mit Hilfe unterschiedlicher Medien.*

REDEWENDUNGEN ALS SCHREIBANLASS
Bildhaft dargestellte Redewendungen bieten Schreibimpulse – Bestell-Nr. 12 915

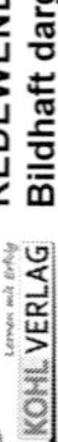

17. Den Kopf in den Sand stecken

Aufgabe 1: *Dieses Bild zeigt sehr deutlich diesen Ausspruch. Beschreibe mit passenden Worten, was im übertragenen Sinne damit gemeint ist.*
EA

Aufgabe 2: *Dieser Spruch hat einen lustigen Ursprung. Finde ihn mit Hilfe des Internets oder anderer Medien heraus.*
EA

Aufgabe 3: *Schreibe eine Situation auf, in der du auch am liebsten „deinen Kopf in den Sand gesteckt" hättest.*
EA

Aufgabe 4: *Befrage Menschen in deinem Umfeld nach geeigneten Beispielen zu dieser Redewendung. Dasjenige, das dir am besten gefällt, schreibst du ebenfalls auf.*
EA

REDEWENDUNGEN ALS SCHREIBANLASS
Bildhaft dargestellte Redewendungen bieten Schreibimpulse – Bestell-Nr. 12 915

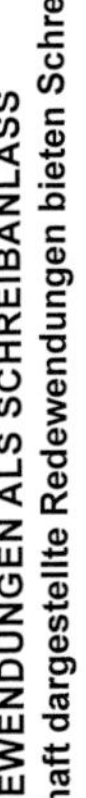

18. Passt wie die Faust aufs Auge

Aufgabe 1: *„Passt wie die Faust aufs Auge.“ Was ist mit dieser Redewendung gemeint? Notiert zusammen eure Ideen mit euren eigenen Worten.*

PA

Aufgabe 2: *Wie ist es zu dieser Redewendung gekommen? Recherchiert zusammen und schreibt eure Ergebnisse auf.*

PA

Aufgabe 3: *Findet ebenfalls zusammen ein Synonym dazu.*

PA

Aufgabe 4: *Sammelt andere Aussprüche, in denen die Faust eine Bedeutung hat.*

PA

REDEWENDUNGEN ALS SCHREIBANLASS
Bildhaft dargestellte Redewendungen bieten Schreibimpulse – Bestell-Nr. 12 915

19. In die Höhle des Löwen gehen

EA **Aufgabe 1**: *Was ist mit dieser Redewendung gemeint? Beschreibe dieses Bild genau. Notiere deine Ideen mit deinen eigenen Worten. Formuliere auch dazu deine Gedanken und bringe sie aufs Papier. Was könnte gemeint sein, sowohl im wörtlichen als auch im übertragenen Sinne?*

EA **Aufgabe 2**: *Dieser Ausspruch führt den Leser zurück zu einer alten Fabel. Finde sie mit Hilfe unterschiedlicher Quellen bzw. Medien und schreibe sie in deinen Worten auf.*

EA **Aufgabe 3**: *Finde heraus, welche gemeinsamen Eigenschaften von Löwen beschrieben werden. Auch dazu findest du im Internet oder in Büchern ausreichend Informationen. Wie passen diese zur Fabel und damit zur Redewendung?*

REDEWENDUNGEN ALS SCHREIBANLASS
Bildhaft dargestellte Redewendungen bieten Schreibimpulse – Bestell-Nr. 12 915

KOHL VERLAG

20. Jemanden ins Herz schließen

EA

Aufgabe 1: *Beschreibe dieses Bild genau. Es stellt sehr eindeutig die dazugehörige Redewendung – „Jemanden ins Herz schließen“ – dar. Was verstehst du unter diesem Ausspruch? Schreibe deine Überlegungen auf.*

EA

Aufgabe 2: *Schreibe einige Synonyme dazu auf.*

EA

Aufgabe 3: *Notiere 3 Beispielsätze, in denen dieser Ausspruch sinnvoll verwendet wird.*

PA

Aufgabe 4: *Überlegt zusammen, ob es auch die Möglichkeit gibt, diese Redewendung aus einer anderen Sichtweise zu sehen, also negativ zu deuten. Notiert eure Überlegungen dazu.*

REDEWENDUNGEN ALS SCHREIBANLASS
Bildhaft dargestellte Redewendungen bieten Schreibimpulse – Bestell-Nr. 12 915

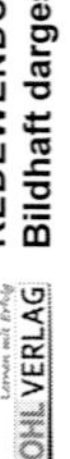

21. Eine Eselsbrücke

EA

Aufgabe 1: *Vor allem, wenn man etwas Neues lernen muss, sind sogenannte „Eselsbrücken“ oft sehr hilfreich. Diese Erfahrung hast du bestimmt auch schon gemacht. Erkläre die Bedeutung dieses Wortes mit deinen eigenen Worten.*

EA

Aufgabe 2: *Was verbirgt sich hinter diesem Ausspruch (Ursprung) „Eine* ***Esels****brücke bauen“? Warum baut man keine* ***Krokodils****brücken? Die wären doch viel länger ...*

EA

Aufgabe 3: *Schreibe ein Beispiel auf, in dem du dir selbst oder jemand anderer dir eine Eselsbrücke gebaut hat, damit du dir etwas vielleicht besser merken konntest.*

PA

Aufgabe 4: *Schreibt zusammen mindestens 3 Beispiele für Eselsbrücken auf. Besonders interessant sind diejenigen, die zur Schule und zum Lernen passen.*

REDEWENDUNGEN ALS SCHREIBANLASS
Bildhaft dargestellte Redewendungen bieten Schreibimpulse – Bestell-Nr. 12 915

22. Der Apfel fällt nicht weit vom Stamm

EA **Aufgabe 1:** *„Der Apfel fällt nicht weit vom Stamm" – diesen Ausspruch hast du sicherlich auch schon einmal gehört. Aber was ist damit gemeint? Notiere deine Überlegungen.*

EA **Aufgabe 2:** *Wie kannst du die Herkunft dieses Sprichwortes erklären? Suche in verschiedenen Medien nach Erklärungen und schreibe sie auf.*

PA **Aufgabe 3:** *Überlegt gemeinsam, in welchen Situationen ihr diesen Ausspruch beobachtet habt. Schreibt die zwei passendsten Geschichten auf.*

PA **Aufgabe 4:** *Sucht zusammen nach ähnlichen Aussprüchen und schreibt 2 Beispiele auf.*

23. Den Gürtel enger schnallen

Aufgabe 1: *Welche Gedanken kommen dir, wenn du dieses Bild betrachtest? Notiere sie.*

EA

Aufgabe 2: *Wenn jemand äußert, er müsse „den Gürtel enger schnallen", was könnte er damit meinen? Was könnte der Ursprung für diesen Ausspruch sein?*

EA

Aufgabe 3: *Viele Menschen können dazu von eigenen Erfahrungen oder Begebenheiten berichten. Befrage jemanden, der solche Situationen bereits erlebt hat und schreibe diese Schilderungen auf.*

EA

KOHL VERLAG Lernen mit Erfolg
REDEWENDUNGEN ALS SCHREIBANLASS
Bildhaft dargestellte Redewendungen bieten Schreibimpulse – Bestell-Nr. 12 915

24. Schlitzohr

EA **Aufgabe 1**: *Immer wieder Mal wird jemand als „Schlitzohr“ bezeichnet. Was ist aus deiner Sicht damit gemeint? Schreibe es auf.*

EA **Aufgabe 2**: *Es gibt unterschiedliche Erklärungen für den Ursprung dieses Spruches. Schreibe den, der dir am ehesten zusagt, auf.*

EA **Aufgabe 3**: *Es gibt noch eine weitere Erklärung für diese Redensart. Suche sie im Internet und schreibe sie auf.*

PA **Aufgabe 4**: *Schreibt ähnliche Wörter auf. Recherchiert dazu gemeinsam in unterschiedlichen Medien.*

REDEWENDUNGEN ALS SCHREIBANLASS
Bildhaft dargestellte Redewendungen bieten Schreibimpulse – Bestell-Nr. 12 915

25. Jemandem auf der Nase rumtanzen

EA **Aufgabe 1**: *Beschreibe, was du auf diesem Bild siehst. Was könnte der Zeichner damit ausdrücken wollen? Benutze deine eigenen Worte beim Aufschreiben.*

PA **Aufgabe 2**: *Findet heraus, wie es zu diesem Ausspruch kam und was er genau bedeutet. Notiert eure Ergebnisse.*

PA **Aufgabe 3**: *Es gibt andere Redensarten, in denen die Nase eine Rolle spielt. Recherchiert in unterschiedlichen Medien und schreibt mindestens 3 der gefundenen Sprüche auf.*

PA **Aufgabe 4**: *Es gibt Redensarten, in denen andere Körperteile eine Bedeutung haben. Schaut im Internet oder anderen Medien nach geeigneten Sprüchen und schreibt 5 davon auf.*

REDEWENDUNGEN ALS SCHREIBANLASS
Bildhaft dargestellte Redewendungen bieten Schreibimpulse – Bestell-Nr. 12 915

26. Ein Brett vor dem Kopf haben

EA

Aufgabe 1: *Diese Redensart wird oft benutzt. Schreibe auf, was du auf diesem Bild siehst. Was könnte mit diesem Ausspruch gemeint sein? Schreibe deine Ideen auf.*

EA

Aufgabe 2: *Suche in verschiedenen Medien nach dem Ursprung dieser Redewendung und schreibe deine Ergebnisse auf.*

EA

Aufgabe 3: *Du kennst bestimmt auch Situationen, zu denen dieser Ausspruch passt. Schreibe das Beispiel auf, das aus deiner Sicht am besten passt.*

REDEWENDUNGEN ALS SCHREIBANLASS
Bildhaft dargestellte Redewendungen bieten Schreibimpulse – Bestell-Nr. 12 915

Lösungen

1. Tomaten auf den Augen haben

Aufgabe 1: Individuelle Lösung – <u>Mögliche Bedeutungen</u>: Offensichtliches nicht erkennen, Naheliegendes nicht begreifen oder auch Auffälliges nicht wahrnehmen, etwas übersehen oder nicht erkennen.

Aufgabe 2: Die Augen sind gerötet, wenn der Mensch übermüdet oder verschlafen ist. Und da die Tomaten rot sind, passen sie gut zur Beschreibung des Zustandes, in dem sich ein übermüdeter Mensch befindet. Außerdem übersieht er schneller wichtige Dinge oder ist nicht so aufmerksam, als wenn er ausgeschlafen wäre.

Aufgabe 3: Individuelle Beschreibung einer geeigneten Situation.

2. Ein X für ein U vormachen

Aufgabe 1: Individuelle Lösung – <u>Mögliche Bedeutungen</u>: Jemanden betrügen wollen, eine Fälschung vornehmen, geschriebene Buchstaben manipulieren oder sich Vorteile ergaunern.

Aufgabe 2: Die Kleidung der Person stammt nicht aus unserer Zeit. Auch schreibt sie mit einer Feder, wie man es aus früheren Darstellungen kennt. Ebenso ist das Schreibpult aus Holz, welches heute so nicht mehr genutzt wird.

Aufgabe 3: Bis ins 17. Jahrhundert war die Verwendung der römischen Zahlzeichen weit verbreitet. Daher ist der Ursprung in den römischen Zahlen zu finden. Dort wurden Buchstaben für Zahlen verwendet. Der Buchstabe V steht für die Zahl 5. Verlängert man die Striche vom V nach unten, entsteht das X. Dieser Buchstabe steht Für die Zahl 10. So konnte aus einer 5 leicht eine 10 gemacht werden. Wenn jemand nun einem anderen Geld schuldete, war es für den Verleiher leicht, den Schuldschein zu fälschen, sodass er dann das doppelte der ursprünglichen Summe verlangte. Dies war Betrug. Da im lateinischen Alphabet das große V für das große U steht, entstand daraus der Spruch „Ein X für ein U vormachen".

Aufgabe 4: Geschäftsleute oder Gläubiger. Auch Wirtsleute nutzten diesen Trick, um die Zeche ihrer Gäste an die Tafel in ihrem Wirtshaus zu schreiben.

Aufgabe 5: Individuelle Lösungen.

3. Lunte riechen

Aufgabe 1: Individuelle Lösung – <u>Mögliche Bedeutungen</u>: Verdacht schöpfen, Argwohn hegen, Übles befürchten oder auch misstrauisch werden.

Aufgabe 2: Die Lunte war ein langsam brennendes Seil. Dies wurde zum Zünden von Kanonen benutzt. Das Wort „Lunte" ist ein anderes Wort für „Zündschnur". Sie diente dem Entzünden des Pulvers. Dies gab den Geschützen ihre Sprengkraft. Sie verströmte beim Abbrennen einen scharfen Geruch. Dies verriet eine nahe Gefahr, eine baldige Sprengung durch ein Geschütz und dessen Geschoss. Feinde erkannten so rechtzeitig einen Hinterhalt. Auch Tiere ahnten den Jäger schon früh.

Aufgabe 3+4: Individuelle Lösung.

4. Nur Bahnhof verstehen

Aufgabe 1: Individuelle Lösung – <u>Mögliche Bedeutungen</u>: Sie wird hauptsächlich im übertragenen Sinne benutzt. Nichts verstehen, nichts verstehen wollen, einen Sinn nicht verstehen oder nicht begreifen, worum es geht.

Aufgabe 2: Zu der Herkunft vermutet man folgendes: Am Ende des 2. Weltkrieges wünschten sich die total ermüdeten deutschen Soldaten ihre Heimreise. Diese war an die Vorstellung eines Bahnhofes gekoppelt. Da diese Sehnsucht so groß war, hörten sie oft nicht mehr richtig zu und verstanden „nur noch Bahnhof".

Aufgabe 3: Individuelle Lösungen.

Aufgabe 4: Individuelle Lösung – „Was hast du gesagt? Bei diesem Krach verstehe ich nur Bahnhof!" oder „Das ist ja kompliziert. Ich verstehe nur Bahnhof."

Lösungen

5. Jemandem auf den Leim gehen

Aufgabe 1: Individuelle Lösung – Mögliche Bedeutungen: Auf einen Betrug hereinfallen, einer Täuschung erliegen, in die Falle gehen oder auch sich ködern lassen.

Aufgabe 2: Eine alte Fallenmethode gab die Vorlage für diesen Ausspruch. Vogelfänger in früheren Zeiten benutzten „Leimruten", um Vögel zu fangen. Sie bestrichen Äste mit einer klebrigen Masse aus Honig und Fruchtsäften. Diese hängten sie in die Bäume. In der Nähe hängten sie Käfige mit Vögeln auf, die als Lockvögel dienten. Setzte sich ein Vogel auf diese besonders präparierten Äste, konnte er nicht mehr wegfliegen. Sie konnten nun leicht gefangen werden. Diese Methode stammt aus dem Mittelalter.

Aufgabe 3: In dem Bereich der Kunst werden immer wieder sogenannte „Fälschungen" von berühmten Bildern entdeckt. Diese werden als „Orginale" teuer verkauft. Der Käufer geht dem Betrüger (Verkäufer) auf den Leim. Im Internet finden sich immer wieder sogenannte „Fake News". Diese Informationen werden als Wahrheiten dargestellt und stellen sich später als falsche Informationen heraus.

Aufgabe 4: Individuelle Lösung.

6. Sein Gesicht verlieren

Aufgabe 1: Individuelle Lösung – Mögliche Bedeutungen: Eine Blamage einstecken, die anständige Maske ist gefallen, plötzlich entblößt, hinter der äußeren Fassade ist nichts.

Aufgabe 2: Dieser Ausspruch ist aus dem Englischen entlehnt „to lose one´s face". Ihr Ursprung befindet sich im ostasiatischen Raum und meinte dort seine würdige Haltung oder seine unbewegliche Miene verlieren.

Aufgabe 3: 1. Beispiel: In der Politik 2. Große Vorbilder von dir 3. Freunde

Aufgabe 4+5: Individuelle Lösung.

7. Krokodilstränen weinen

Aufgabe 1: Individuelle Lösung – Mögliche Bedeutungen: Unechte Tränen weinen; so tun, als wäre man gerührt; falsche Trauer vorspielen oder vortäuschen, ein Leid zu teilen.

Aufgabe 2: Krokodilen kullern `Tränen´ aus den Augen, wenn sie etwas fressen. Ihr Oberkiefer drückt beim Fressen auf eine Drüse, die dann ein Sekret absondert. Dies sieht dann für den Betrachter so aus, als würden Tränen fließen.

Aufgabe 3: Mögliche Lösungen sind: „Nochmals Schwein gehabt" oder „Stur wie ein Esel" oder auch „Hungrig wie ein Wolf". Du kannst auch die Menschen in deinem Umfeld befragen. Sie helfen dir sicherlich gern. Schreibe mindesten 5 Beispiele auf.

Aufgabe 4: Individuelle Lösung.

8. Ein Haar in der Suppe finden

Aufgabe 1: Individuelle Lösung – Mögliche Bedeutungen: Etwas Unangenehmes suchen, nur das Schlechte sehen, immer etwas auszusetzen haben, eine pessimistische Einstellung haben.

Aufgabe 2: Mögliche Lösungen sind: Immer etwas auszusetzen haben, jemandem in die Suppe spucken.

Aufgabe 3: Individuelle Lösung.

Aufgabe 4: Individuelle Lösung – Eine geeignete Lösung wäre: In jeder Situation immer auch das Gute sehen und dieses hervorzuheben.

9. Jemanden in die Zange nehmen

Aufgabe 1: Individuelle Lösung – Mögliche Bedeutungen: Eine Person in die Zwangslage bringen, jemanden z. B. durch Fragen unter Druck setzen, jemanden in die Enge treiben, jemanden in die Ausweglosigkeit führen.

Aufgabe 2: Bereits im Mittelalter war die Zange ein Arbeitsgerät eines Schmieds. Damit konnte er z. B. das glühende Eisen fest packen, um es bearbeiten zu können.

Aufgabe 3+4: Individuelle Lösung.

Lösungen

10. Einen Dachschaden haben

Aufgabe 1: Individuelle Lösung – Mögliche Bedeutungen: Nicht ganz normal sein, dummes Zeug machen, widersinnig Handeln, geistig etwas zurückgeblieben sein.

Aufgabe 2: Synonyme sind z. B.: „Einen Vogel haben“, oder „Nicht ganz dicht sein“.

Aufgabe 3: Individuelle Lösung.

Aufgabe 4: Individuelle Lösung – Das Wort `Dach´ bedeutet ursprünglich „Decke“. Eine mögliche Erklärung wäre: Eine Decke wärmt, gibt also Schutz gegen Kälte. Hat sie ein Loch oder sogar mehrere, ist anderweitig sehr beschädigt, kann sie ihre Aufgabe nicht mehr gut erfüllen. Ähnlich ist es auch mit unserem Kopf bzw Verstand. Ist dieser beschädigt, kann er seine Aufgabe nicht mehr richtig erfüllen.

11. Die Katze im Sack kaufen

Aufgabe 1: Individuelle Lösung – Mögliche Bedeutungen: Vorschnell ein Geschäft abschließen, auf ein Kaufrisiko eingehen, etwas ungeprüft erwerben, unüberlegt ein Angebot annehmen.

Aufgabe 2: Auf Märkten in früheren Zeiten gab es wohl immer wieder unehrliche Viehhändler, die statt des vereinbarten wertvollen Tieres ein anderes, minderwertigeres in einen Sack taten. Es befand sich dann z. B. anstatt einer wertvollen Legehenne oder eines fetten Ferkels eine magere Katze bzw. mehrere abgemagerte Katzen im Sack. Der Käufer hatte sich darauf verlassen, dass der Händler auch das in den Sack tat, was sie gemeinsam vereinbart hatten. Der unehrliche Händler hatte so mehr Geld verdient, als ihm zustand und der Käufer hatte „Die Katze im Sack gekauft“. Ihr Ursprung reicht daher sehr weit zurück. Schon im Volksbuch „Till Eulenspiegel“ gibt es eine Geschichte von einer Katze im Sack. Dieses Buch ist aus dem Jahre 1515. Du findest es sicherlich im Internet.

Aufgabe 3+4: Individuelle Lösung.

12. Jemanden auf die Palme bringen

Aufgabe 1: Individuelle Lösung – Mögliche Bedeutungen: Eine Person gewaltig reizen, jemanden wütend machen, jemanden provozieren, bei einem anderen den Zorn anschwellen lassen, jemanden grenzenlos ärgern.

Aufgabe 2: Dieser Ausspruch ist eine verbreitete Redensart, die aller Voraussicht nach von der Vorstellung ausgeht, wie ein Affe vor Aufregung eine Palme hochklettert.

Aufgabe 3+4: Individuelle Lösung.

Aufgabe 5: Individuelle Lösung – das Fass zum Überlaufen bringen, einen Wutanfall auslösen, jemanden in Rage bringen, jemanden wütend machen, jemanden zur Weißglut bringen.

13. Buchwissen

Aufgabe 1: Individuelle Lösung – Mögliche Bedeutungen: Wissen, ohne Bezug zum Leben; nur aus Büchern gewonnenes Wissen; bloß angelesene Weisheiten; Wissen, das keinen Bezug zur Wirklichkeit hat.

Aufgabe 2: Individuelle Lösung.

Aufgabe 3: Individuelle Lösung – Kopfkino - das Kino ist nicht im Kopf, **Kühlschrank** – der Schrank ist nicht kühl, er kühlt; **Wasserflasche** – die Flasche ist nicht aus Wasser, sondern damit gefüllt; **Rennstrecke** – eine Strecke kann nicht rennen; **Schlafzimmer** – ein Zimmer kann nicht schlafen.

Aufgabe 4: Individuelle Lösung – z. B. Fantasieromane wie „Die unendliche Geschichte“ oder die Bücher zu Harry Potter oder „Tintenherz“. Sie beflügeln die Fantasie und können dabei helfen, im realen Leben Lösungen zu finden, in Situationen, die aussichtslos erscheinen. Mit reinem Buchwissen ist man dazu nicht immer in der Lage.

14. Mit Kanonen auf Spatzen schießen

Aufgabe 1: Individuelle Lösung – Mögliche Bedeutungen: Vollkommen überreagieren, gewaltig übertreiben, die Verhältnismäßigkeit übersehen, eine Situation überziehen.

Lösungen

14. Mit Kanonen auf Spatzen schießen

Aufgabe 2: Weil der Spatz bei vielen Leuten als frech und lästig galt und daher bekämpft wurde. Man bekämpfte sie (Spatzen = Sperlinge) sogar schon Mitte des 18. Jahrhunderts als Schädlinge. Alle Mittel waren damals erlaubt. Allerdings mit einer schweren Kanonenkugel einen flinken Spatzen zu treffen war viel zu aufwendig, teuer und auch ziemlich erfolglos.

Aufgabe 3+4: Individuelle Lösung.

15. Einen Zacken aus der Krone verlieren

Aufgabe 1: Individuelle Lösung – Mögliche Bedeutungen: Eine Beschädigung des Ansehens, vermeintliche Degradierung, etwas ist schwer erträglich, da ist etwas nicht hinnehmbar.

Aufgabe 2: Dieser heißt: „Sich einen Zacken aus der Krone brechen". Je mehr Zacken eine Krone hatte, desto höher war der Rang dieser Person. Dieser Ausspruch stammt also aus einer Zeit, als z. B. Frauen Zacken aus der Krone gebrochen wurden, wenn sie einen Mann heirateten, der standesniedriger war als sie selbst. Wenn z. B. eine Grafentochter unter ihrem Rang einen Freiherrn heiratete, wurden ihr von ihren 9 Zacken zwei aus der Krone ihres Wappens gebrochen. Sie wurde auf eine rangniedrigere Position heruntergestuft.

Aufgabe 3: Individuelle Lösung – sich keine Verzierung abbrechen, sich keinen Zacken aus der Krone brechen, sich nicht überanstrengen.

Aufgabe 4: Individuelle Lösung – Das Bayerische Wappen z. B. hat 5 Zacken.

Aufgabe 5: Individuelle Lösung – Schulwappen, Sportvereinswappen usw.

16. Beleidigte Leberwurst

Aufgabe 1: Individuelle Lösung – Mögliche Bedeutungen: Spott-Bezeichnung für jemanden, der schmollt; zeigen, dass man gekränkt ist; jemand spielt nur beleidigt, gibt vor, beleidigt zu sein; ein Verhalten wie eine Mimose (Eine Mimose ist eine Pflanze, die auf Berührungen sehr empfindlich reagiert.)

Aufgabe 2: Es gab eine Zeit, das sogenannte Mittelalter, in der dachten Gelehrte, alle Gefühle würden in der Leber hergestellt werden. Wenn sich nun eine Person ärgerte, bzw. beleidigt war, hatte diese eine beleidigte Leber.

Aufgabe 3: Individuelle Lösung.

Aufgabe 4: Individuelle Lösung – In einer alten Erzählung wird berichtet, dass eine Leberwurst beleidigt war, weil sie als letzte aus dem Topf genommen wurde. Vor Wut platzte sie auf.

17. Den Kopf in den Sand stecken

Aufgabe 1: Individuelle Lösung – Mögliche Bedeutungen: Sich aus einer heiklen Situation zurückziehen; einer Sache aus dem Weg gehen; hoffen, dass eine Gefahr von selbst verschwindet, eine Sache negieren und nichts davon sehen und hören wollen.

Aufgabe 2: In der Kolonialzeit, als die Europäer zum ersten Mal Strauße in Afrika beobachteten, fiel ihnen auf, dass diese Tiere bei Gefahr die Köpfe sehr nah auf den Boden senkten. So wirkte ihr restlicher Körper wie ein Busch für ihre Feinde. Die Europäer glaubten, dass sie wirklich ihre Köpfe in den Sand steckten, in dem Glauben, so von ihren Feinden nicht mehr gesehen zu werden.

Aufgabe 3+4: Individuelle Lösung.

18. Passt wie die Faust aufs Auge

Aufgabe 1: Individuelle Lösung – Mögliche Bedeutungen: Dinge, die nicht zusammengehören; Dinge, die wunderbar zusammenpassen; Begriffe, die in keiner Hinsicht harmonieren; sprachlicher Reiz, der auf Gegensätzlichkeit basiert.

Aufgabe 2: Eine mögliche Antwort lautet: Dieser Ausspruch stammt aus dem 15. Jahrhundert, ist also schon sehr alt. Ursprünglich hieß es noch anders: „Das reimt sich wie Faust und Auge". Die zwei Wörter Faust und Auge reimen sich gar nicht. Beim Reimen passt Etwas zusammen, nämlich Worte. Daher meint man es oft ironisch, wenn jemand diesen Ausspruch benutzt. In der Umgangssprache kann aber auch gemeint sein, dass etwas sehr gut zusammenpasst.

REDEWENDUNGEN ALS SCHREIBANLASS
Bildhaft dargestellte Redewendungen bieten Schreibimpulse – Bestell-Nr. 12 915

Lösungen

18. Passt wie die Faust aufs Auge

Aufgabe 3: Individuelle Lösung – Ein Synonym lautet: „Passen wie der Igel zum Taschentuch".

Aufgabe 4: In folgenden Sprüchen taucht das Wort die Faust auf: „Jemandem die Faust unter die Nase halten", „Mit der Faust auf den Tisch hauen", die Fäuste ballen, die Fäuste fliegen.

19. In die Höhle des Löwen gehen

Aufgabe 1: Individuelle Lösung – Mögliche Bedeutungen: Keine Angst haben vor dem, was zu erwarten ist; sich furchtlos in eine neue Situation begeben; mutig einer Gefahr entgegen gehen; sich nicht abschrecken lassen.

Aufgabe 2: Individuelle Lösung – Ein alter Löwe kann nicht mehr selber jagen. Daher wendet er eine List an. Er lädt all seine Untertanen zu sich in die Höhle ein, um sich von ihnen zu verabschieden. Als Letzter erscheint der Fuchs vor seiner Höhle. Ihm fällt auf, dass viele Spuren in die Höhle führen, aber keine hinaus. Daher denkt er bei sich, dass der Löwe seine Besucher gefressen hat, da er zum Jagen nicht mehr in der Lage war. Der schlaue Fuchs macht vor der Höhle kehrt. Diese Fabel wurde vom griechischen Dichter Äsop geschrieben und dient als Vorlage für diesen Ausspruch.

Aufgabe 3: Individuelle Lösung – Die Löwen leben in Rudeln, als einzige Großkatze. Die Jagd übernehmen in der Regel die Weibchen. Von ihnen gibt es bis zu 20 Tiere in einem Rudel. Die Löwenmännchen jagen nicht bzw. nur, wenn sie alleine leben. So betrachtet passt die Fabel gut zum Verhalten eines Löwen.

20. Jemanden ins Herz schließen

Aufgabe 1: Individuelle Lösung – Mögliche Bedeutungen: Jemanden sehr gern haben, Zuneigung zu jemandem haben, von etwas sehr angetan sein, jemanden gut ausstehen können.

Aufgabe 2: Individuelle Lösung – ans Herz gewachsen sein, im Herzen tragen.

Aufgabe 3: Individuelle Lösung – Ein Beispiel: Dieser Hund ist uns zugelaufen und wir haben ihn sofort in unser Herz geschlossen. Er ist ein Mensch, den man einfach ins Herz schließen muss. Der Abschied fällt mir echt schwer, da ich die Kinder meines Bruders sehr in mein Herz geschlossen habe.

Aufgabe 4: Individuelle Lösung – Eine Sichtweise wäre: Jemanden in sein Herz schließen und diesen nicht mehr freigeben, auch wenn er oder sie wieder frei sein möchte.

21. Eine Eselsbrücke

Aufgabe 1: Individuelle Lösung – Mögliche Bedeutungen: Form eines Lern- oder Merkspruches, eine Gedächtnisstütze, Hilfskonstruktion sich etwas zu merken, einprägsame Merkhilfe.

Aufgabe 2: Da Esel wasserscheue Tiere sind, bauten ihre Besitzer oft kleine Brücken, damit sie beim Lastentransport keine großen Umwege gehen mussten. So sparten sie Zeit und auch Geld.

Aufgabe 3: Individuelle Lösung – Wenn du dir nicht merken kannst, wie die Reihenfolge der Gitarrensaiten sind, obwohl du Gitarrenspieler bist, hilft die vielleicht folgender Spruch: „Eine alten Dame ging Heringe essen." Die Tonfolge ergibt sich aus den Anfangsbuchstaben dieser Wörter – E-A-D-G-H-E. Das E steht für die oberste und dickste Saite.

Aufgabe 4: Individuelle Lösung – „Gar nicht wird gar nicht zusammengeschrieben" eignet sich für den Deutschunterricht. In der Mathematik gibt es die „KLAPS-REGEL". Sie besagt Klammer vor Punkt vor Strich Rechnung. Ebenfalls fürs Rechnen gilt folgendes: „Liebe Leute Groß und Klein, geteilt durch null lasst besser sein".

22. Der Apfel fällt nicht weit vom Stamm

Aufgabe 1: Individuelle Lösung – Mögliche Bedeutungen: Kinder ähneln ihren Eltern: Der Sohn hat die gleichen Angewohnheiten wie der Vater und die Tochter verhält sich wie die Mutter. Die Kinder interessieren sich für die gleichen Dinge, wie die Eltern.

Aufgabe 2: Individuelle Lösung – Ein Apfel wird von sich aus nie weit weg vom Baum landen. Er hat die gleichen Merkmale, wie die anderen Äpfel von diesem Baum. Dies wird nun auf besondere Merkmale von Kindern übertragen, welche ähnliche Merkmale wie ihre Eltern haben.

Aufgabe 3: Individuelle Lösung.

Lösungen

22. Der Apfel fällt nicht weit vom Stamm

Aufgabe 4: Individuelle Lösung – „Ganz der Vater“ oder „Ganz die Mutter“ oder „Wie der Vater, so der Sohn“ oder „Der Apfel fällt nicht weit vom Birnbaum“.

23. Den Gürtel enger schnallen

Aufgabe 1: Individuelle Lösung – Mögliche Bedeutungen: Sich auf klägliche Zeiten vorbereiten, Entbehrungen auf sich nehmen, sich auf eine magere Epoche einstellen, das Leben im Überfluss klingt wohl aus.

Aufgabe 2: Individuelle Lösung – Die Einnahmen reichen nicht für genügend Essen. Daher nimmt die Person ab. Sie muss daher den Gürtel enger schnallen, damit sie ihre Hose nicht verliert. Bereits im 19. Jahrhundert wurde diese Redensart verwendet.

Aufgabe 3: Individuelle Lösung.

24. Schlitzohr

Aufgabe 1: Individuelle Lösung – Mögliche Bedeutungen: Jemand, dem man nicht trauen kann; Schlawiner, Gauner, Betrüger.

Aufgabe 2: Individuelle Lösung – Eine Erklärung ist folgende: Im Mittelalter trugen die Gesellen bestimmter Zünfte einen Ohrring als Zeichen ihrer Zugehörigkeit. Missachteten diese die Regeln, wurde ihnen dieser schmerzhaft entrissen.

Aufgabe 3: Diese Erklärung besagt folgendes: Wenn ein Bäcker im Mittelalter zu kleine Brötchen gebacken hatte, wurde er mit dem Ohr an die Kirchentür genagelt. Derjenige konnte sich nur befreien, indem er sich von der Tür losriss. Jeder konnte dann für immer sehen, dass er etwas Unrechtes getan hatte.

Aufgabe 4: Ähnliche Wörter sind z. B. Schurke, Bösewicht, Übeltäter, Strolch, Unhold, Racker usw.

25. Jemandem auf der Nase herumtanzen

Aufgabe 1: Individuelle Lösung – Mögliche Bedeutungen: Seinen eigenen Willen durchsetzen, ungehorsam sein, Befehle und Regeln missachten; mit jemandem machen, was man will.

Aufgabe 2: Individuelle Lösung – „Jemandem auf der Nase herumtanzen“ bedeutet: „Jemand macht, was er will“. Er hält sich nur an seine eigenen Regeln und die stören oft die anderen. Er lässt auch nicht mit sich darüber reden. Dieses Verhalten findet direkt vor den Augen der betroffenen Person statt. Und da sich die Augen direkt über der Nase befinden, sagt man “Auf der Nase herumtanzen“. Dieser Ausspruch basiert auf Foltermethoden einiger Tierbändiger. Sie machten Bären gefügig, indem sie ihnen einen Ring durch ihre empfindliche Nase zogen. (Hamburger Abendblatt 30. 12. 2013, 07:02 – GUTE FRAGE – Woher stammt die Redewendung „Jemanden an der Nase herumführen“? Michael Krumm, Literaturwissenschaftler aus Lauenburg)

Aufgabe 3: Individuelle Lösung – Jemandem eine lange Nase drehen (jemanden verspotten), die Nase beleidigen (schlecht riechen), sich an die eigenen Nase fassen, eine goldene Nase verdienen, jemanden an der Nase herumführen.

Aufgabe 4: Individuelle Lösung – „Nicht auf den Kopf gefallen sein“ oder „einen grünen Daumen haben“ oder auch „sich den Bauch vollschlagen oder „sich Arme und Beine ausreißen oder „sich den Kopf zerbrechen“ oder „Jemanden vor den Kopf stoßen“ oder „Liebe geht durch den Magen“ oder „Jemandem das Herz brechen“ oder oder oder … .

26. Ein Brett vor dem Kopf haben

Aufgabe 1: Individuelle Lösung – Mögliche Bedeutungen: Offensichtliches nicht verstehen; nicht kapieren, was Sache ist; einfältig sein, begriffsstutzig sein.

Aufgabe 2: Individuelle Lösung – Ursprünglich bezog sich dieser Ausdruck nicht aufs Denkvermögen einer Person, sondern auf das Nutzvieh. Im Mittelalter hängten Landwirte ihren als dumm geltenden `störrischen Ochsen´ ein Brett vor die Augen. So war es für den Besitzer einfacher, mit den Tieren zu arbeiten. So verhinderten sie, dass sich die Ochsen z. B. erschreckten, wenn diesen ihr Geschirr um den Kopf gehängt werden sollte.

Aufgabe 3: Individuelle Lösung.

REDEWENDUNGEN ALS SCHREIBANLASS
Bildhaft dargestellte Redewendungen bieten Schreibimpulse – Bestell-Nr. 12 915